Bootsmann auf der Scholle

von Benno Pludra
Bilder von Ursula Verburg

Otto Maier Verlag Ravensburg

Bootsmann ist ein junger Hund, schwarz, weich und wollig. Er lebt am Meer auf einem Schlepper, einem kleinen starken Dampfer, der große Dampfer schleppt. Der Kapitän des Schleppers heißt Putt Bräsing.

Putt Bräsing ist Bootsmanns bester Freund. Er gibt ihm zu fressen und sorgt für seinen Schlafplatz.

Putt Bräsing und Bootsmann wohnen im Bauch des Schleppers. Sie schlafen jeder in einer Koje. Putt Bräsing in einer großen, Bootsmann in einer kleinen. Bootsmanns Koje ist ein Schuhkarton. Aber es liegt saubere Putzwolle drin, und Bootsmann schläft warm und prächtig wie in einem Himmelbett.

Draußen ist Winter.

Es hat Tage und Nächte hindurch gefroren. Viel Schnee ist gefallen, und die Pfähle im Hafen haben weiße Hauben, und die Schiffe sehen aus wie überzuckert.

Als Bootsmann aus der Kajüte kommt, versinkt er bis zum Bauch im Schnee. Er springt auf die Luke, aber auch dort reicht ihm der Schnee bis zum Bauch. Bootsmann springt weiter, immer durch bauchtiefen Schnee. Es macht ihm Spaß. Er stößt die Nase ins weiße Geglitzer. Er leckt und leckt, aber der Schnee schmeckt nach nichts. Der Schnee schmeckt bloß kalt.

Bootsmann guckt durch die Reling. Auf dem schwappenden Hafenwasser treiben Eisschollen, grau und kantig. Möwen schwimmen, sie frieren nicht. Bootsmann bellt die Möwen an. Aber die Möwen kümmern sich nicht um ihn. Sie schwimmen und schaukeln ruhig weiter.

Da sucht Bootsmann anderen Zeitvertreib.

Hinten auf dem Schlepper liegt die dicke Schleppertrosse. Rund und gewaltig, wie eine schlafende Riesenschlange, liegt sie da. Der Heizer Jan fegt den Schnee von der Riesenschlange. Er pafft dabei aus einem geschwungenen Pfeifchen.

Bootsmann kommt angerannt und beißt in den Besen. Er knurrt und narrt sich mit Jan, und Jan sagt an seinem Pfeifchen vorbei: „Wirst du woll, wirst du woll…"

Aber Bootsmann läßt erst locker, als die Kinder rufen.

Die Kinder sind fünf, sechs und sieben Jahre alt. Sie wohnen in den bunten Häusern unten am Hafen, die von ferne aussehen, als hätte sie ein Pfefferkuchenbäcker aufgestellt: backsteinrote Wände und winzige Blinzelfenster, spitze alte Dächer, und auf den Dächern ein Federbett aus Schnee.

Die Kinder wollen jetzt mit Bootsmann spielen.

Sie kugeln durch den Schnee – Uwe, Jochen, Katrinchen.

Uwe ist am größten. Er hat einen schmalen Kopf, und man nennt ihn deshalb manchmal Uwe Pferdekopf.

Katrinchen ist am kleinsten. Sie hat Pausbacken und eine Laufnase.

Jochen ist ein Boxer. Er boxt sich mit jedem, den er nicht leiden kann.

Alle drei Kinder stehn am Bollwerk, wo der Schlepper liegt. Sie stehn dort wie drei Orgelpfeifen – Uwe, Jochen, Katrinchen.

Uwe und Jochen haben blaue Pudelmützen auf. Katrinchen hat eine Kappe umgebunden, aus rotem steifem Stoff. Hinten aus der Kappe guckt ein blonder Pferdeschwanz.

Die Kinder locken Bootsmann.

Der kleine Hund fegt über Deck, vor und zurück, hin und her durch stiebenden Schnee. Seine Zähne blitzen, seine Knöpfchenaugen funkeln.

„He, Bootsmann", sagt Jochen, „lachst du uns an, oder lachst du uns aus?"

„Oder bist du böse?" sagt Katrinchen.

Aber Bootsmann ist nicht böse. Er will an Land. Er will zu den Kindern. Doch es führt kein Steg zum Bollwerk. Der Steg liegt auf dem Schlepper. Bootsmann kann nicht an Land.

Vielleicht hilft der Heizer Jan?

Die Kinder fragen den Heizer Jan: „Darf Bootsmann ein bißchen mit?"

„Da müßt ihr euch an Putt Bräsing wenden", sagt der Heizer Jan. Er schwingt seinen Besen, fegt und pafft und pafft und fegt. Dann stößt er dreimal mit dem linken Absatz auf: Signal an Putt Bräsing.

In der Bordwand sind runde Fenster. Sie heißen Bullaugen. Das mittlere Bullauge öffnet sich, und es erscheint das Gesicht von Putt Bräsing, so rund wie das Bullauge, mittendrin eine dicke freundliche Nase.

„Na, was gibt's?" fragt Putt Bräsing.

„Darf Bootsmann ein bißchen mit?"

„Meinetwegen", sagt Putt Bräsing. „Aber nicht zu lange. Ich muß nachher bald mit dem Schlepper fort, einen Dampfer bugsieren." Und zum Heizer Jan sagt Putt Bräsing: „Laß Bootsmann mal an Land."

Nun wird der Besen beiseite gestellt und der Steg aufs Bollwerk geschoben.

Bootsmann saust an Land. Er saust gleich weiter, zickzack um die Kinder. Er steht still, stemmt sich und kläfft. Sein Buschelschwanz zittert.

Auf dem Baum sitzt eine Krähe. Sie sitzt mit schiefem Kopf und sieht aus, als ob sie friere. Bootsmann hetzt hechelnd um den Baum. Er fühlt sich stark und wichtig. Die Krähe klappt verdrossen mit dem Schnabel. Was will der schwarze Kerl von ihr? Die Krähe hüpft auf den nächsten Ast. Sie schlägt die harten Flügeldecken auf und zu. Dann macht sie kraah und sitzt wieder stumm mit schiefem Kopf und sieht aus, als ob sie friere.

Die Kinder und Bootsmann aber flitzen weiter. An der Spitze der kleine kugelrunde Hund, dann Uwe, dann Jochen, ganz am Schluß Katrinchen mit der roten Kappe.

An den bunten Häusern vorbei flitzen die Kinder aus der Stadt. Katrinchen fällt hin und schreit. Uwe läuft zurück und klopft ihr den Schnee von den Sachen. Jochen und Bootsmann warten nicht. Dort unten, ein gutes Stück vor der Stadt, dehnt sich eine große Bucht.

Das Ufer der Bucht ist flach. Ein paar Weiden stehn in Reih und Glied, Schneemützen auf den dicken Köpfen, und das Schilf ist braun und raschelt.

Das Schilf wächst aus dem Eis. Es steht steif und starr wie ein schirmender Schutzwall, breit, undurchdringlich und geheimnisvoll.

Bootsmann schlüpft zwischen die ersten Stengel, Jochen ihm nach. Bootsmann und Jochen bahnen sich einen Pfad. Sie wühlen und stapfen. Plötzlich sind sie verschwunden, als hätte das braune Schilf sie verschluckt.

Uwe sieht nichts mehr von den beiden. Nicht mal ein Zipfelchen mehr von Jochens blauer Pudelmütze. Nur die Stengel des Schilfes sieht Uwe tanzen. Wo die Schilfstengel tanzen, sind Jochen und Bootsmann.

„He!" ruft Uwe. „Was macht ihr?"

„Entdeckungsfahrt!" schreit's aus dem Schilf.

„Wartet!" ruft Uwe. „Katrinchen kann nicht so schnell."

„Keine Zeit. Wir haben eine Spur entdeckt. Einen Wolf!"

„Einen Wolf! So'n Quatsch!" ruft Uwe.

Er folgt mit Katrinchen den beiden Entdeckern.

Der Pfad durchs Schilf ist schmal. Die harten Stengel streifen die Gesichter.

Katrinchen kämpft sich wacker voran. Aber sie ist klein wie ein Grashüpfer, sie kann nicht so schnell wie Uwe.

Katrinchen bleibt stehn und fängt an zu weinen.

Uwe dreht sich um. Er ist böse auf Katrinchen.

„Was hast du?" fragt Uwe.

„Du sollst nicht so schnell laufen", sagt Katrinchen.
„Aber der Wolf haut ab", sagt Uwe.
„Ich habe Angst", sagt Katrinchen.
Sie will wieder weinen. Da nimmt Uwe Katrinchen an der Hand. Er tut es mit bösem Gesicht. Katrinchen verdirbt ihm die Wolfsjagd. Aber soll er sie allein im Schilf zurücklassen? So ein kleines Mädchen...

Uwe macht für Katrinchen den Pfad frei. Er tritt die Schilfstengel um. Einmal tritt er durchs Eis. Es kracht und klirrt, und der Fuß rutscht weg bis zur Wade. Doch er wird nicht naß. Es war kein Wasser unterm Eis.

„Ich will nach Hause", sagt Katrinchen.

„Dann geh doch", sagt Uwe.

„Und der Wolf?" sagt Katrinchen. „Wenn er mich sieht?"

„Es gibt keinen Wolf."

„Doch", sagt Katrinchen. „Jochen hat ihn gesehn."

„Jochen spinnt. Geh nach Hause, schnell. Einfach hier zurück."

Katrinchen schüttelt den Kopf. Sie will nicht nach Hause, alleine.

„Na los, dann komm weiter", sagt Uwe.

Er zerrt Katrinchen durch den Schilfwald.

Katrinchen plärrt: „Das sage ich alles Mami!"

Uwe hält plötzlich an. Er horcht ins Schilf. Er lauscht mit gepreßtem Atem. Er hört nichts.

Katrinchen hört auch nichts.

„Was ist denn?" fragt sie.

„Ruhig!"

Und wieder horcht Uwe ins Schilf.

Nichts. Kein Knacken, kein Knastern kündet mehr von Jochen und Bootsmann.

Uwe guckt Katrinchen ratlos an. Dann schreit er: „He, wo seid ihr?"

„Vielleicht der Wolf…" sagt Katrinchen.

„Ach Quatsch", sagt Uwe.
Er geht vorsichtig weiter, und Katrinchen tapst vorsichtig hinterdrein.
Nach fünfzehn Schritten erreichen sie eine freie Stelle, eine Lichtung. Blank wie ein Riesentalerstück liegt die Lichtung mitten im Schilf. An ihrem Rande kauern Jochen und Bootsmann.

„Da müßt ihr euch besser verstecken", ruft Uwe.
Aber er ist froh, daß Jochen und Bootsmann wieder
da sind.
„Wo ist der Wolf?" fragt Katrinchen.
Jochen zeigt auf Bootsmann. „Der da hat ihn
gefressen."
„Das glaubst du selber nicht", sagt Katrinchen.
Bootsmann schnüffelt am Schilfsaum. Er wittert
und wirft den Kopf. Seine Buschelrute wackelt.

Die Kinder lassen sich von Bootsmann führen. Sie brechen einen neuen Pfad und durchqueren weiter das Schilf. Sie durchqueren es ganz und gar. Drüben stehen sie still.

Drüben, auf der anderen Seite des Schilfes, beginnt das blanke Eis. Eine stumme Welt, spiegelglatt und einsam. Den Schnee hat der Wind zu flachen Hügeln gekehrt.

Nie sind die Kinder bis hierher vorgedrungen. Jetzt stehen sie still und starren übers Eis. Sie sehen nur das Eis und dahinter das schwarze Wasser. Am Ende des Eises beginnt das Meer.

Ein Fischkutter kehrt vom Fang zurück. Er liegt tief im Wasser. Sein Motor klopft dumpf und schwer.

Der Kutter bringt viel Fisch. Die Kinder denken, er rutscht am Eis entlang. So nah ist der Kutter. So nah ist auch das schwarze Wasser.

„Wollen wir hin?" fragt Jochen.

Katrinchen und Uwe antworten nicht. Katrinchen hat Angst, und Uwe wird bange vor seinem Mut, der ihn bis hierher hat gehen lassen. Sie müssen zurück!

Aber Bootsmann rennt schon draußen übers Eis, und Jochen ruft: „Los, wir sind Forscher!"

Er springt in die Luft und mit Wucht zurück aufs Eis. Es dengelt und singt bis an den Horizont. Bootsmann spitzt erschrocken die Ohren.

Jochen schlittert los. Uwe folgt. Katrinchen macht drei kleine Schritte. Dann rührt sie sich nicht mehr vom Fleck.

„Uwe! Uwe!" ruft Katrinchen.

Aber Uwe hört nicht.

Uwe und Jochen sind Forscher. Sie sind kühn. Sie dringen vor in unbekanntes Land.

Doch was suchen die Forscher am Wasser?

„Wir sind Eskimos", ruft Jochen. „Wir bauen uns ein Schneehaus." Er schleicht und trabt wie ein Jäger aus dem hohen Norden. Bootsmann ist ein Eisbär oder Polarhund, je nachdem, wie Jochen es gerade haben will.

Uwe läuft am Schluß. Uwe beobachtet das Eis. Plötzlich ruft er: „Jochen! Zurück!"

Jochen ist dicht am Wasser. Er hört, wie das Wasser gluckst und schmatzt. Aber zurück geht Jochen nicht. Er will der kühnste Forscher und mutigste Eskimo sein. Er will die große Scholle erobern.

Die große Scholle ist kleiner als eine Tischtennisplatte. Sie hängt am Eisfeld der Bucht. Sie ragt in den Bodden wie ein gläserner, tückischer Bootssteg.

„Zurück!" schreit Uwe. „Du sollst zurück!"

Jochen denkt gar nicht dran. Er tastet sich Schritt um Schritt voran. Er befühlt das Eis mit dem Fuß. Er prüft die Stärke, ehe er seinen Körper nachschiebt. Ich bin klug, denkt Jochen, und ich bin kühn. Niemand am Hafen ist so kühn wie ich.

Bootsmann aber folgt kein Stück mehr nach. Er steht auf drei Beinen, die linke Vorderpfote angehoben. Bootsmann traut dem Frieden nicht. Was Jochen dort treibt, ist ein schlechtes Spiel.

Uwe ruft in letzter Not: „Der Schlepper macht Dampf auf. Putt Bräsing will ablegen. Bootsmann muß zurück."

„Bringt ihn doch!" schreit Jochen. „Du bist bloß feige."

„Und du wirst schon sehn!" schreit Uwe.

Jochen gibt sich den letzten Stoß. Er rutscht hinüber auf die Scholle.

Er triumphiert: „Haha, wo werd ich denn was sehn? Wo denn, wo denn, wo denn?" Er schwingt die Beine wie ein Hampelmax. Er tanzt und trällert: „Ich bin ein Held, ich bin der größte Held der Welt…"

Dann lockt er Bootsmann, kauert sich nieder, bellt und miaut, und Bootsmann hüpft zu Jochen auf die Scholle, leicht und lustig wie ein Federbällchen. Und lustig, lustig tanzen sie beide umeinander.

Uwe rauft sich die Haare. „Zurück, ihr Verrückten!"
Doch Jochen tanzt nur noch wilder. Und was
Jochen tut, das tut auch Bootsmann. So tanzen sie
und tanzen sie, tanzen und treiben Späße, bis die
Eisscholle plötzlich vom Eisfeld bricht.
Sie bricht glatt ab. Ein schwarzer Spalt klafft auf.
„Hilfe!" schreit Jochen.
Er steht wie erstarrt. Die Strömung greift nach der
Scholle. Der Spalt wird breiter und gefährlicher.
„Spring!" ruft Uwe.
Aber Jochen wagt nicht zu springen.
Da rennt Uwe an den Rand des Eises. Um den
Freund zu retten, vergißt er die eigene Gefahr. Und
Jochen, jetzt traut er sich, nimmt Anlauf und
springt. Er landet auf dem Eisfeld, gleitet aus und
wird von Uwe gehalten. Jochen ist gerettet.
Und Bootsmann?

Bootsmann ist gefangen auf der Scholle. Er kann nicht mehr herunter. Für einen Sprung ist es zu weit, und um zu schwimmen, müßte er ins Wasser. Doch vor dem eisigen Wasser hat Bootsmann Angst. Er winselt und kläfft. Er läuft hin und her. Die Scholle aber treibt.

„Bootsmann!" ruft Jochen. „Spring und schwimm. Komm doch, spring und schwimm. Komm her, Bootsmann. Keine Angst. Komm her, komm her!"

Aber Bootsmann kommt nicht. Bootsmann hat Angst. Er schiebt die Pfoten über den Eisrand, er stellt das Hinterteil auf, aber er drückt sich nicht ins Wasser. Er hat Angst vor dem Wasser. Er winselt, und sein Winseln bittet die Kinder: Holt mich!

Wie aber sollen die Kinder Bootsmann holen?

Zwischen Scholle und Eisfeld liegt ein breiter Wassergraben.

Und die Scholle treibt.

Jochen jammert. Jochen, der mutige Eskimo, jammert: „Was machen wir bloß, was machen wir bloß!"

Katrinchen schaut von ferne zu.

Uwe ruft: „Eine Stange. Wir müssen eine Stange haben."

Am Rande des Schilfes finden sie einen Pfahl, lang und dünn, wie ihn die Fischer verwenden. Uwe und Jochen packen den Pfahl, jeder an einem Ende. Sie reißen mit allen ihren Kräften. Der Pfahl aber rührt und rappelt sich nicht. Er ist festgefroren.

Uwe und Jochen rennen weiter.

Katrinchen rennt mit.

Auf der Eisscholle heult Bootsmann.

„Was habt ihr gemacht?" ruft Katrinchen. „Na wartet, was habt ihr mit Bootsmann gemacht!"

Uwe und Jochen traben am Schilf entlang. Sie suchen, suchen. Sie finden endlich einen dürren, vertrockneten Baumast. Hungrige Hasen haben seine Rinde ratzekahl abgenagt. Der Ast liegt mitten auf dem Eis. Seine Spitze und ein paar Zweige sind angefroren.

Uwe und Jochen brechen den Ast vom Eis los.
Dann jagen sie wie die Feuerwehr zur Kante, wo die
Scholle treibt.
Bootsmann bellt. Er springt, hüpft, er freut sich.
Die Jungen legen sich auf den Bauch. Sie kriechen
mit dem Ast an den Rand des Eises. Der Ast reicht
dreimal bis zur Scholle. Seine Spitze fährt Boots-
mann zwischen die Beine. Bootsmann macht
einen Satz.
„Gleich haben wir dich!" schreit Jochen. „Große
Rettungstat!"
Aber nichts. Jochen hat zu früh geschrien. Soll
Bootsmann über den Baumast balancieren? Er ist
kein Seiltänzer.
„Die Scholle muß ran", sagt Uwe.
Sie versuchen, die Scholle heranzuholen. Sie drük-
ken mit dem Ast, von oben und von der Seite, sie
keuchen und schwitzen. Aber die Scholle ist
schwer und die Strömung kräftig. Der Ast rutscht

weg, denn er findet keinen Halt, und die Arme der beiden Jungen werden müde. Sie schaffen's nicht. Die Scholle treibt weiter. Und mit der Scholle treibt Bootsmann.

So liegen die Jungen schließlich auf dem Eis, und dem einen wie dem anderen ist das Weinen nahe. Sie schauen der Scholle nach. Sie hören, wie Bootsmann leise winselt, ganz leise und traurig.

Da verliert Jochen sein letztes bißchen Mut. Ihn überfällt die heulende Angst. Er springt auf. „Ich war's nicht. Ich kann nichts dafür. Ich hab nichts gemacht."

Dann reißt er aus. Jochen, der Boxer – Jochen, der mutige Eskimo –, Jochen reißt aus. Er fegt übers Eis, als seien tausend Teufel hinter ihm her.

„Jochen!" ruft Uwe. Jochen aber hört und sieht nichts mehr. Er bricht krachend durchs Schilf. Er läßt Uwe allein.

Und die Scholle treibt. Sie treibt am Eisfeld entlang.

Uwe schaut sich um.

Niemand ist zu sehn, niemand, der ihm helfen könnte.

Nur Katrinchen ist da. Ihre rote Kappe leuchtet.

Uwe läuft ein Stück übers Eis. Er weiß nicht, was er machen soll. Die Scholle treibt wie eine weiße Tafel.

Katrinchen fragt: „Kommt Bootsmann nicht mehr zurück?"

Uwe antwortet nicht. Er muß überlegen, wie Bootsmann gerettet werden kann.

Katrinchen sagt: „Aber Putt Bräsing wird schimpfen."

„Putt Bräsing!" Der helle Schreck steht Uwe im Gesicht. An Putt Bräsing hat er noch nicht gedacht. Putt Bräsing! Wie ein Donnerwetter wird er schimpfen: Ihr Kerle, ihr Strolche, ihr Taugenichtse! Habt den kleinen Hund aufs Meer hinaustreiben lassen!

Aber Putt Bräsing hat den Schlepper. Er kann Bootsmann retten. Er dampft mit seinem Schlepper aus dem Hafen und holt Bootsmann von der Scholle. Ganz einfach, kinderleicht. Putt Bräsing, sonst keiner, wird Bootsmann retten.

Uwe will los. Er will zu Putt Bräsing, schnell übers
Eis durchs Schilf und den Weg von der Bucht zum
Hafen. Aber wer paßt solange auf, wo Bootsmann
mit der Scholle hintreibt?
Katrinchen?
Katrinchen ist zu klein, sie fällt ins Wasser, viel-
leicht, oder kriegt Angst, so ganz alleine, oder fängt
an zu spielen und paßt nicht mehr auf. Katrinchen
kann ohne Uwe nicht hierbleiben.
Aber einer muß zu Putt Bräsing.
Kann das vielleicht Katrinchen tun?
Uwe versucht es. Er sagt Katrinchen den Weg und
sagt ihr dreimal hintereinander: „Du rennst so
schnell, wie du rennen kannst."
Katrinchen nickt. Aber ein bißchen ist ihr bange
vor dem weiten Weg. Katrinchen trabt davon. Ihr
Haarschwanz unter der roten Kappe flattert.

28

Uwe folgt der Scholle. Er geht an der Eiskante. Die Scholle dreht sich in der Strömung.

Bootsmann ist still. Manchmal bellt er, aber nur kurz, als wollte er Uwe etwas zurufen.

Solange Uwe dableibt, wird Bootsmann still sein. Er spürt, daß Uwe ihm helfen will.

In zehn Minuten, denkt Uwe, spätestens aber in zwanzig Minuten ist Putt Bräsing hier. Der Schlepper hat einen weißen Wasserbart, so schnell kommt er an.

Uwe wird froh, als er sich vorstellt, wie der Schlepper heranrauscht und Bootsmann von der Scholle holt.

Aber noch liegt der Schlepper im Hafen am Bollwerk. Putt Bräsing weiß von nichts. Putt Bräsing wartet auf Bootsmann. Er steht am Schornstein des Schleppers, und neben ihm steht der Heizer Jan, und beide schauen sie suchend übers Bollwerk und den Hafenplatz.

„Solch eine Wirtschaft", sagt Putt Bräsing. „Diese Kinder! Nie wieder kriegen sie den Hund. Ich hab's doch gesagt, ich hab's ihnen deutlich ans Herz gelegt: Bleibt nicht zu lange. Ich muß weg mit dem Schlepper, einen Dampfer bugsieren."

„Überm Spiel vergessen sie alles", sagt der Heizer Jan.

„Das passiert mir nicht noch einmal", sagt Putt Bräsing.

Seine dicke Nase ist rot. Sein ganzes Gesicht ist rot und sehr, sehr böse. Breit und wuchtig, stark wie ein Walfänger, steht Putt Bräsing auf dem Schlepper. Er hat Filzstiefel an und eine Pelzweste.

„Der Hund kommt mir niemals wieder allein von Bord", sagt Putt Bräsing.

„Aber was machen wir jetzt?" fragt der Heizer Jan.

„Wir müssen los. Keine Viertelstunde mehr, und der Dampfer ist vor der Hafeneinfahrt. Wir können nicht länger warten."

„Drei Minuten noch", sagt Putt Bräsing.

Er blickt zur vergoldeten Uhr am Hafenturm.

Die erste Warteminute vergeht. Der große Zeiger macht einen Sprung.

Putt Bräsing blickt wieder übers Bollwerk. Doch er wartet vergebens.

Es kommt kein Bootsmann.

Es kommt auch kein Katrinchen.

Katrinchen baut an einem Schneemann. In einer
Gasse am Hafen hat sie ein Rudel Kinder getroffen.
Die Kinder rollen Kugeln für einen Schneemann,
dicke Kugeln für einen dicken Schneemann. Er
wird eine Rübennase haben und schwarze Koh-
leaugen und einen löchrigen Kochtopfhut. Sein
Bauch ist schon fertig. Er steht wie ein weißer Fels.
Katrinchen drückt Ziegelsplitter in den Bauch. Das
sind die Knöpfe für den Schneemannsanzug.

Noch einen Knopf, denkt Katrinchen, dann renne
ich weiter zu Putt Bräsing. Dann holen wir Bootsmann und Uwe und können alle zusammmen hierher zum Schneemann gehn.

Katrinchen gibt acht, daß der Ziegelsplitterknopf
schön gerade in eine Reihe mit den andern kommt.
Sie tritt einen Schritt zurück und freut sich über den
halben Schneemann. Sie klatscht in die Hände,
aber es klatscht nicht, weil Katrinchen Wollhand-
schuhe trägt.

Nun ab die Post, denkt Katrinchen.

Sie rennt die Gasse hinunter zum Hafen. Sie rennt,
so schnell sie ihre Beine tragen.

Aber Putt Bräsing weiß nicht, daß Katrinchen kommt.

Er guckt auf die Uhr am Hafenturm. Die zweite und dritte Warteminute ist vergangen, eine vierte beginnt.

Der Platz am Bollwerk bleibt leer.

Die bunten Häuser träumen.

Auf dem Baum sitzt noch immer die Krähe, stumm, mit schiefem Kopf, und sieht aus, als ob sie friere.

Putt Bräsing sagt: „Dampf auf! Wir legen ab!"

Der Heizer Jan schlüpft in den Kesselraum.

Putt Bräsing wirft die Leinen los.

Der Schlepper legt ab.

Er verläßt das Bollwerk und steuert ins Hafenbekken. Möwen kreisen um seinen Mast.

Und dort, neben den bunten Häusern, taucht Katrinchen auf.

Sie sieht die Möwen und den schwarzen Schlepperrauch. Sie fegt zum Bollwerk, winkt, winkt.

Aber wer auf dem Schlepper soll Katrinchen bemerken?

Der Heizer Jan schürt unten im Kesselraum das Feuer. Putt Bräsing steckt oben im Kommandohaus und steuert. Keiner hat Zeit, aufs Bollwerk zu schaun, keiner bemerkt Katrinchen, die so winzig mit ihrer roten Kappe dort steht.

Katrinchen ist zu spät gekommen.

Draußen, am Rande der Bucht, aber wartet Uwe. Er blickt sich dauernd um, blickt zurück, wo der Hafen ist, die dunklen Speicher ragen und Kräne ihre Arme recken, Schiffssirenen heulen und Ladewinden lärmen.

Aber nirgendwo sieht Uwe den Schlepper. Die Scholle mit Bootsmann hat sich weiter entfernt. Die Strömung zieht vom Eisrand und vom Ufer fort.

Uwe tritt auf festes Land.

Die Bucht ist zu Ende. Eine steile Küste beginnt. Am Ufersaum wächst dünnes Eis. Das Meerwasser trotzt dem Frost. Es flutet zurück, es läßt keine Eisdecke über sich ziehn.

Uwe stolpert durch tiefen Schnee. Seine Schuhe und Strümpfe werden naß. Uwe spürt es nicht. Er schwitzt. Seine Hände sind glühheiß. Uwe streift die Handschuhe ab. Er klettert auf einen großen runden Uferstein. Er hält Ausschau.

Wo kommt Hilfe für Bootsmann?

Das Meer ist schwarz, der Himmel schwer und grau wie Blei. Und keine Hilfe.

Kein Schlepper, kein Kutter, kein Fischer. Nichts. Nur ein Dampfer, noch weit vor der Bucht. Doch der Dampfer wird Bootsmann nicht helfen. Er wird ihn nicht sehn.

Uwe schaut hinüber zur Scholle.

Bootsmann hockt auf den Hinterkeulen. Er sitzt ganz still. Er sieht artig aus wie die Stoffhunde in den Jahrmarktsbuden.

Uwe wird traurig, weil er nicht helfen kann. Aber Bootsmann darf davon nichts merken.

Uwe tut, als ob er lustig wäre. Er schwenkt den Arm und ruft: „He, Bootsmann! Schiff ahoi!"

Bootsmann gibt leise Laut. Er bellt, ohne sich zu bewegen. Sein Bellen klingt mutlos.

Die Scholle schaukelt. Wassserfetzen lecken über die Ränder. Die Strömung gurgelt um Ecken und Kanten. Bootsmann hat Angst.

Uwe stolpert am Steilufer weiter. Er beobachtet den Dampfer vor der Bucht. Wenn Putt Bräsing mit dem Schlepper nicht kommt, ist der Dampfer die letzte Hoffnung. Eine winzig kleine Hoffnung, denn der Dampfer ist unendlich weit. Hundertmal so weit, wie Uwe einen Stein werfen kann.

Uwe denkt an Jochen, der feige davongelaufen ist. Er denkt an Katrinchen, die zu Putt Bräsing rennen sollte.

Er denkt an Putt Bräsing und versteht nicht, warum der Schlepper nicht kommt.

Uwe ist allein, und ihm wird schwach und elend zumute.

Da entdeckt er den Kahn.

Zwanzig Schritte voraus hat jemand einen schmalen Hafen gebaut, große Steine aufgeschichtet und zwei Wälle gezogen, Schutz gegen das Meer. Im Wasser zwischen den Wällen liegt ein Kahn, festgemacht an einem starken Pfahl.

Uwe rennt. Er springt, hastet, hetzt. Seine Stimme jubelt: „Bootsmann! Bootsmann! Ein Kahn!"

Am Kahnhafen ist der Schnee zertrampelt. Arbeitsgerät liegt auf der Seite: ein Netzbeutel, Tauwerk, ein rostiger Anker. Fußspuren führen zur Steilküste hoch.

Uwe ruft: „Hallo! Niemand hier?"

Er ruft noch einmal, dann untersucht er den Kahn, klettert hinein, prüft die Festmacheleine.

Wenn Uwe will, kann er los mit dem Kahn.

Die Leine ist einfach um den Pfahl gelegt. Zwei Riemenhölzer zum Rudern stecken unter den Sitzen. Der Kahn, grün angemalt, ist weder sehr groß, noch ist er sehr schwer. Uwe könnte ihn regieren.

Uwe guckt zur Steilküste hoch.

Wo ist der Mann, dem der Kahn gehört?

Uwe ruft noch einmal: „Hallo! Niemand hier?"

Es kribbelt ihn in den Fingern. Draußen auf der
Scholle sitzt Bootsmann. Die Scholle treibt. Die
Zeit vergeht.
Wo bleibt der Mann, dem der Kahn gehört?
Uwe betrachtet die Spuren am Steilküstenhang.
Der Hang ist kahl. Ein paar Sträucher stecken schief
im Schnee.
Der Mann, der die Spuren gemacht hat, muß große
Füße haben.

Uwe steigt aus dem Kahn. Er folgt den Spuren, steil den Hang hinauf. Vielleicht steht oben das Haus des Mannes.

Uwe klettert wieselflink, mit Händen und Füßen, weil das schneller geht. Seine Hände graben sich durch den Schnee.

Einmal schaut Uwe zurück. Da sieht er tief unten, wie ein weißes Briefblatt, die Eisscholle – und weit draußen, wie aus der Spielzeugkiste, sieht er den Dampfer.

Den Hafen kann Uwe nicht mehr sehn.

Er klettert über die Steilküstenkante.

Hinter der Kante liegt ebenes Land. Ein Weg beginnt. Überall ist Schnee.

Ganz fern duckt sich ein Dorf. Aus kurzen Kaminen wölkt Rauch. Die weiße Landschaft bis zum Dorf ist leer. Kein Haus, kein Mensch. Der Mann, dem der Kahn gehört, wird im Dorf sein und Kaffee trinken. Es ist Vesperzeit.

Uwe lauscht in die Stille. Sein Herz wird klein und mutlos. Uwe fühlt sich von aller Welt verlassen.

Aber dort unten treibt Bootsmann und wartet auf Hilfe.

Uwe muß Bootsmann helfen.

Er rutscht den Steilhang hinunter, schnell und immer schneller, er kullert, trudelt, fällt. Schnee und Sand umpanzern seine Sachen, kriechen unter den Kragen, verkleistern ihm Augen, Mund und Nase.

Uwe gibt nichts drauf. Er hat keine Zeit. Er muß Bootsmann von der Scholle holen.

Unten macht er den Kahn los und stößt ihn ab. Das Wasser klatscht ans Holz. Der Kahn verläßt den Hafen.

Uwe rudert. Er beugt sich vor und legt sich zurück. Ho-ruck! Ho-ruck! Die Riemenhölzer krachen. Uwe hat Mut und starke Arme. Uwe wird Bootsmann retten.

Der Kahn liegt breit und flach auf dem Wasser. Er schaukelt wie die Scholle. Manchmal hüpfen Spritzer in Uwes Gesicht.

Bootsmann sitzt nicht mehr artig wie ein Stoffhund. Er sieht Uwe im Kahn und wittert die nahende Rettung. Bootsmann rennt auf und ab, hart am Rande der Scholle.

Den Kopf hat er Uwe zugewandt. Sein Kläffen
klingt dünn und freudig.

Uwe möchte schneller vorankommen.

Die Riemen, mit denen er rudert, sind aus leichtem
Holz. Aber sie sind sehr lang für einen siebenjähri-
gen Jungen, und sie werden ihm allmählich schwer.
Uwe kommt nicht schneller voran. Er wird sogar
langsamer, denn er muß seine Kräfte schonen. Wie
soll er sonst den Rückweg schaffen?

Jetzt treibt ihn die Strömung, wie sie ja auch die
Scholle treibt.

Aber nachher, den langen Weg zurück, hat Uwe die
Strömung gegen sich. Sie wird versuchen, ihn weiter aufs Meer hinauszutreiben, bis an den Horizont
und immer noch weiter. Uwe muß die Strömung
besiegen.

Er rudert regelmäßig. Er atmet und bewegt sich ruhig. Hin und wieder blickt er über die Schulter, prüft den Kurs und schätzt die Entfernung bis zur Scholle. Bei jedem Umblicken ist er der Scholle näher. Uwe ist guter Dinge. Sein Kahn macht flotte Fahrt. Unter den Planken rauscht und stößt das Meer.

Noch hundert Riemenschläge, sagt Uwe zu sich selber, dann habe ich die Scholle.

Er beginnt zu zählen, ganz laut, so daß Bootsmann es hören kann: „Eins – zwei – drei – vier – fünf…"

Er zählt bis hundert, dann blickt er sich um.

Die Scholle ist nah, aber längst nicht nah genug.

Fünfzig Schläge noch, denkt Uwe, dann bin ich neben der Scholle. Ich werde hinübergreifen, Bootsmann am Fell fassen und ihn in den Kahn heben. Bloß fünfzig Riemenschläge noch.

Aber die Küste ist inzwischen weit entfernt, die Strömung stark, und das Meer wächst groß und gewaltig um den Kahn. Der Kahn ist auf einmal sehr klein. Er ist zerbrechlich und hilflos, ein Spielzeug für das Meer.

Uwe beginnt die fünfzig Riemenschläge nicht. Er läßt sich treiben, die Arme auf die Riemenhölzer gestützt. Uwe überlegt. Seine Augen beobachten, sein Kopf rechnet.

Uwe ist ein Junge von der Küste. Er kennt das Meer, seine Größe und Gewalt, seine Schönheit und seine Tücke.

Uwe ist allein. Keiner kann ihm helfen. Uwe muß gut überlegen. Er muß das Meer besiegen. Es ist gefährlich, hinter Bootsmann und der Scholle einfach herzujagen. Mit den Armen allein kann man das Meer nicht besiegen.

Uwe schaut zur Küste. Weiß und verlassen ragt sie auf, kein Mensch, kein Tier zu sehen.

Uwe schaut zum Hafen. Die Kräne wippen, die Speicher schweigen, die Schiffe ruhn sich aus. Alles ist sehr fern, und Putt Bräsing mit dem Schlepper wird nie und nimmermehr kommen.

Von der Küste und vom Hafen hat Uwe nichts mehr zu erwarten.

Aber der Dampfer! Jener fremde Dampfer, der vorhin noch weit vor der Bucht stand. Inzwischen ist er ein gutes Stück heraufgedampft. Uwe erkennt die Bullaugen in der Bordwand.

Der Dampfer hat einen langen Schornstein. Seine Kommandobrücke ist aus Holz, mit weißer Farbe gestrichen. Der Dampfer ist mindestens fünfzig Jahre alt. Am hinteren Mast weht eine rote Flagge. Uwe faßt einen schnellen Entschluß. Mit kurzen Riemenschlägen bringt er seinen Kahn auf neuen Kurs. Dann legt er los, rudert mit allen Kräften, schnell, schnell, ho-ruck, ho-ruck!

Uwe will dem Dampfer in den Weg, er will winken, rufen, um Hilfe bitten. Gelingt ihm das, ist alles gut. Gelingt es ihm nicht, ist alles verloren.

Bootsmann auf der Scholle fängt an zu jaulen. Er begreift nicht, was Uwe dort macht. Warum dreht

der Kahn plötzlich ab? Bootsmann springt an den äußersten Rand der Scholle. Man kann denken, er will ins Wasser springen. Aber ins Wasser traut sich Bootsmann nicht. Er steht reglos, wie aus Stein, und äugt dem Kahn und Uwe nach. Aus seinem Maul stoßen kleine Laute. Bootsmann glaubt, daß Uwe ihn verlassen will. Ganz plötzlich wirft er den Kopf und heult den Himmel an.

Aber der Himmel hat kein Erbarmen mit dem kleinen Hund.

Und der Dampfer zieht seines Wegs.

Rauchfladen quellen aus dem Schornstein.

Die Schiffsmaschine poltert.

Auf der Kommandobrücke des Dampfers sind drei Männer.

Einer steuert, einer guckt durchs Fernglas, einer spaziert.

Der Mann, der spaziert, ist Kapitän Feodor. Er hat
einen Schnurrbart und eine Mütze mit goldener
Kordel.
Kapitän Feodor fragt den Mann mit dem Fernglas:
„Sehen Sie den Schlepper?"
„Er wartet vor der Einfahrt zum Hafen."
„Er wartet", wiederholt Kapitän Feodor. „Natür-
lich. Wir kommen wieder mal zu spät."
Kapitän Feodor dreht ärgerlich an seinem Schnurr-

bart. Er setzt den Spaziergang fort. Von Steuerbord nach Backbord, von Backbord nach Steuerbord. An Steuerbord ist die Küste.

Kapitän Feodor bleibt stehn und beschaut sich die Küste.

Seine großen Augen blitzen unter buschigen Brauen. Sie sind scharf wie die Augen eines Adlers. Sie sehen jeden Strauch an der Küste. Sie sehen auch die Eisscholle.

Eine große Eisscholle, denkt Kapitän Feodor.

An ihrem Rande bemerkt er etwas Schwarzes.

Ein Vogel vielleicht, denkt Kapitän Feodor, eine Krähe, oder ein Stück Kohle, wer weiß.

Den Kahn mit Uwe sieht Kapitän Feodor nicht.

Er wandert hinüber nach Backbord. Er kommt zurück und beschaut sich wieder die Küste und die Eisscholle.

Den Kahn mit Uwe sieht er auch diesmal nicht.

Der Kahn versteckt sich in den Wellen. Seine grüne Farbe ist dunkel wie das Wasser. Wer den Kahn sehen will, müßte ihn suchen. Kapitän Feodor sucht ihn nicht, denn er weiß nichts von dem Kahn.

Aber jetzt, dieser Fleck, was ist das?

Der Fleck bewegt sich, flattert überm Wasser, genau zwischen Küste und Schiff.

Kapitän Feodor bittet ums Fernglas. Er blickt hindurch. Sein Gesicht ist ruhig und gespannt. Auf einmal ist er sehr aufgeregt.

„Ein Junge", ruft Kapitän Feodor. „Ganz klein, und dort, auf der Eisscholle, ein Hund, auch ganz klein. Der Junge hat seine Jacke ausgezogen. Er winkt. Er braucht Hilfe."

Gleich hinterher folgt der Befehl: „Beide Maschinen stop! Barkasse aussetzen! Mischa und Kolja in die Barkasse!"

An Deck des Dampfers trappeln viele Füße.

Viele Augen schauen zur Küste.

Wo ist der Junge mit der Jacke?

Eine Winde fängt an zu rasseln.

Am Windenseil hängt die Barkasse. Sie schwebt durch die Luft, schwebt über die Bordwand, schwebt sanft zum Wasser hinab.

Hinten im Führerstand sind die Matrosen Mischa und Kolja. Sie tragen Wattejacken und runde Pelzmützen. Sie lachen vergnügt.

Die Barkasse ist ein schnittiges Boot, ganz aus Stahl, vorn eine flache Kajüte. Der Motor donnert. Er hat die Kraft von achtzig Pferden.

Die Barkasse schießt davon.

Aus der Kombüse guckt der Koch.

Aus dem Kesselraum guckt der Maschinist.

An der Reling guckt die halbe Mannschaft.

Alle warten auf die Rückkehr der Barkasse. Kapitän Feodor guckt durchs Fernglas.

Die Barkasse fliegt mit weißen Wasserflügeln.

Uwe läßt seine Jacke sinken. Er braucht nicht mehr zu winken, denn er braucht nicht mehr zu fürchten, daß der Dampfer vorüberfährt. Der Dampfer liegt gestoppt, und die Barkasse fliegt auf Uwe zu.

Wie schnell und kühn sie auf ihn zufliegt!

Uwe sieht Mischa und Kolja.

Er reißt seinen blauen Pudel vom Kopf. Mischa und Kolja schwenken ihre runden Mützen.

Welche Freude auf beiden Seiten!

Der Motor verstummt, die Barkasse verliert ihre Wasserflügel. Leicht und lautlos gleitet sie neben den Kahn.

Mischa greift Uwe unter die Arme. Ein Schwung, und Uwe landet in der Barkasse.

Kolja macht hinten den Kahn fest, und weiter geht die Fahrt auf neuen Wasserflügeln.

Die Scholle mit Bootsmann schwimmt endlos fern. Niemand kann den kleinen Hund mehr sehn. Nur das Blinkern des Eises sieht man. Aber Kolja dreht auf, und der Motor stampft mit der Kraft von achtzig Pferden. Die Barkasse zittert, und Uwe, Kolja, Mischa, alle zittern mit.

Uwe muß lachen, weil es in seinen Backen kitzelt.

Uwe steht zwischen Kolja und Mischa am Führerstand. Kolja steuert, Mischa hat eine Hand auf Uwes Schulter gelegt.

Kolja und Mischa sind groß wie zwei Riesen. Aber wenn sie auf Uwe runtergucken, zwinkern sie ihm zu, als wäre er so groß wie sie.

Uwe schreit durchs Motorengedröhn: „Ihr seid prima!"

Und Mischa schreit zurück: „Karascho!"

Das soll heißen: Schon gut, schon gut, jetzt holen wir den Hund.

Und die Scholle rückt näher und wächst.

Uwe erkennt den Hund.

Er ruft seinen Namen.

Bootsmann macht einen Zirkustanz. Er hüpft auf den Hinterpfoten und rudert mit den Vorderpfoten durch die Luft. Dann rollt er sich um und um vor lauter Freude.

Jetzt drückt die Barkasse gegen die Scholle. Ihren ganzen Rumpf drückt sie dagegen, so daß Mischa mühelos aussteigen kann.

Bootsmann springt an Mischa hoch.

Bootsmann ist gerettet.

So einfach geht das, denkt Uwe. Man muß bloß
Freunde haben wie Mischa und Kolja.

Auf dem Dampfer aber, wo die halbe Mannschaft
wartet, gibt Kapitän Feodor hinter seinem Fernglas
Bericht: „Sie haben den Hund. Sie kommen
zurück!"

Er hängt das Fernglas beiseite und ruft den Koch.
„Gießen Sie Tee auf, schön heiß, und machen Sie
Brote zurecht, schön mit Butter und Wurst."

Dann erwartet Kapitän Feodor mit seiner halben
Mannschaft die Barkasse.

Als sie unten anlegt, beugen sich fünfzehn Köpfe
über die Reling, und eine Leiter aus Tauwerk und
breiten Holztritten klappert gegen die Bordwand.

Uwe klettert hinauf.

Mischa folgt mit Bootsmann.

Oben nimmt Uwe Bootsmann auf den Arm.

Fünfzehn Gesichter gucken sie beide freundlich an,
und ein Mann mit goldener Kordel an der Mütze
sagt: „Ihr Seefahrer, wer hat euch so weit aufs Meer
hinausgeschickt?"

„Niemand", sagt Uwe.

Er krault Bootsmann den Nacken. Uwes Nasenspitze ist weiß. Das kommt von der Aufregung und
der Kälte.

Bootsmann schnüffelt umher. Er fühlt sich in Sicherheit. Seine Knöpfchenaugen glänzen munter. Ein Matrose hält ihm den Finger hin, und Bootsmann leckt flink um den Finger. Alle Matrosen lachen, auch Kapitän Feodor.

„Nun schnell", sagt Kapitän Feodor. „Kommt in den Salon. Dort ist es warm."

Er führt seine Gäste durch einen weißlackierten Gang. Auf dem Fußboden liegt ein bunter Läufer. Links und rechts sind Türen. Dort wohnen die Schiffsoffiziere und die Schiffsingenieure. Am Ende des Ganges ist der Salon.

Seine Wände sind holzgetäfelt und fein poliert. Überall stehen weißgedeckte Tische, mindestens fünf, und drumherum stehn Polsterbänke und Polsterstühle.

Uwe muß sich auf einen Polsterstuhl setzen. Er hält Bootsmann immer noch auf dem Arm, er ist immer noch aufgeregt. Aber seine Nasenspitze ist nicht mehr weiß.

Uwe erzählt. Von Jochen, von Katrinchen, von der Scholle. Uwe erzählt die ganze Geschichte.

Alle hören zu. Kapitän Feodor, die Matrosen Mischa und Kolja, der Maschinist Alexej, der Heizer Anatol und der Koch Nikita. Alle sind still und betrachten den Jungen und den Hund.

Nur Kapitän Feodor ist nicht still. Er redet mit Uwe zugleich. Er macht den Dolmetscher und sagt den andern auf russisch, was Uwe gerade erzählt.

Der Koch Nikita hat den Tee und die Wurstbrote
gebracht. Der Tee dampft und duftet, die Wurstbrote machen Appetit. Für Bootsmann steht eine
Suppe aus Fleisch und Kraut bereit. Bootsmann
fängt an zu schlucken. Er macht einen langen Hals
nach der Suppe. Seine Zunge leckt über die Nase.
Bootsmann kann sich nicht beherrschen. Er will
fressen.

Uwe drückt ihm die Schnauze beiseite. Da wird
Bootsmann böse und knurrt. Er kriegt ganz giftige
Augen wie ein Gartenzwerg.

Mischa und Kolja und jeder, der es sieht, muß
lachen.

„Laß ihn doch fressen", sagt Kapitän Feodor. „Gib
ihm die Suppe. Und nimm dir Brot. Und trink Tee.
Er ist schön heiß. Du bist ein tapferer Junge."

„Du bist mutig", sagen Mischa und Kolja.

„Ein kleiner Held", sagt der Maschinist Alexej.

„Ein Bursche", sagt der Heizer Anatol.

„Ein richtiger Freund", sagt der Koch Nikita.

Uwe und Bootsmann aber essen sich runde Bäuche an.

Bootsmann schleckert und schlappert. Uwe hat beide Backen voll, so daß er nicht mehr reden kann.

„Euch schmeckt's", sagt Kapitän Feodor. „Aber ihr habt viel Glück gehabt. Bedankt euch bei der alten Tante Jelena."

Uwe hört auf zu kauen.

Wer ist die Tante Jelena? Ist sie es gewesen, die den Kahn und die Scholle gesichtet hat?

Uwe wischt sich über den Mund. Er legt sein Brot aus der Hand. „Wo ist sie denn, die Tante Jelena? Ich möchte mich bedanken."

Da lachen die Männer wie Schuljungen los. Mischa und Kolja reißen sich an den Ohren, und der Schnurrbart von Kapitän Feodor wackelt.

„Die Tante Jelena", ruft Kapitän Feodor, „die Tante Jelena. Du hast sie noch nicht gesehn? Aber hier, unser Dampferchen, das ist doch die Tante Jelena. Vorn und hinten steht der Name – Jelena."

Uwe staunt den Käpitän an.

„Sie ist alt", sagt der Kapitän. „Als ich ein Kerlchen war wie du, da machte sie ihre erste Reise. Jetzt ist sie alt. Es tut ihr allerhand weh, es plagt sie dies und das, und kommt sie nicht heute, so kommt sie eben morgen. Die alte Jelena läßt sich Zeit."

Der Kapitän zieht seine Taschenuhr.

„Um diese Stunde wollten wir längst im Hafen sein. Aber wer hätte euch dann aus dem Wasser geholt?"

Der Kapitän klopft Uwe auf die Schulter. „Jaja, ihr Seefahrer. Die alte Jelena. Da hat sie noch was Gutes vollbracht. Nun beiß mal wieder in dein Brot."

Uwe gehorcht. Er kaut und schmeckt die würzige Wurst. Er trinkt den heißen, duftenden Tee. Uwe fühlt sich wohl.

Als er den Mund wieder leer hat, sagt Uwe zu Kapitän Feodor, und sagt zu Mischa und Kolja, und sagt zum Maschinisten Alexej, zum Heizer Anatol und zum Koch Nikita: „Bootsmann und ich, wir werden euch jetzt immer besuchen. Jedesmal, wenn ihr bei uns im Hafen seid, kommen wir euch besuchen. Und bringen euch was mit. Wollt ihr?"

„Gewiß", sagt Kapitän Feodor. „Nur, die alte Jelena wird nicht mehr kommen. Wir werden auf einem anderen Schiff sein."

„Das ist schade", sagt Uwe. „Warum wird die Jelena nicht mehr kommen?"

„Sie bleibt in Leningrad", sagt Kapitän Feodor. „Sie ist genug durch die Welt gedampft. Jetzt soll sie zu Hause bleiben, und die Kinder sollen auf ihr spielen. Viele Kinder, kleine und große, alle Kinder von Leningrad."

„Oh", sagt Uwe und denkt nach.

Dann sagt er: „Da könnte ich auch auf der Jelena spielen."

Dann denkt er wieder nach und sagt: „Aber ich weiß was. Wir lassen uns fotografieren, Bootsmann und ich. Das Bild schicken wir nach Leningrad. Für die Jelena, wenn sie Kinderschiff ist. Die Kinder, die zum Spielen kommen, können es sich immer mal angucken. Ob sie sich freuen werden?"

„Und wie", sagt Kapitän Feodor. „Sie werden dir auch gleich ein Foto schicken: hinten die Tante Jelena, vorne über hundert Kinder. Was glaubst du wohl, jaja."

Auf einmal hört man eilige Schritte draußen auf dem Gang.

Es klopft an die Tür. Ein Matrose meldet: „Kapitän. Der Schlepper ist da. Wir sind kurz vor der Hafeneinfahrt."

„In Ordnung", sagt Kapitän Feodor.

Bootsmann nimmt seinen Kopf aus der Suppen-
schüssel. Die Schüssel ist blank. Bootsmann hat sie
mit seiner Zunge gewaschen. Jetzt guckt er, wo die
vielen Füße hingehn.

Uwe will Bootsmann wieder auf den Arm heben.
Aber Bootsmann läßt sich nicht greifen. Er springt
zur Seite und schlüpft durch die Tür, weich wie ein
Wollknäuel zwischen den Stiefeln von Mischa und
Kolja.

Uwe rennt hinter Bootsmann her.

Den langen Gang hinunter.

Hinaus aufs Deck.

Nach vorn zum Bug des Schiffes.

Am Bug arbeiten drei Matrosen und ein Offizier.
Sie ziehen an der Schleppertrosse, die so dick ist wie
eine Riesenschlange.

Bootsmann kennt die Trosse. Er beschnuppert sie

und läuft den Matrosen wie närrisch durch die Beine.

Vorm Bug der Jelena dampft der Schlepper. Die Trosse hat er an einem mächtigen Haken fest. In der Nähe des Hakens ist ein rundes Einsteigloch. Aus diesem Einsteigloch guckt unser Heizer Jan. Er pafft sein geschwungenes Pfeifchen. Das Pfeifchen fällt ihm plötzlich aus dem Mund. Der Heizer Jan ruft laut und schrill nach seinem Kapitän.

Was ist geschehn?

Putt Bräsing blickt erschrocken aus dem Kommandohaus. Er blickt zum Heizer Jan. Dann blickt er weiter, wo der Arm des Heizers hinzeigt. Hinüber zur Tante Jelena.

Auf ihrem hohen steilen Bug sind Bootsmann und Uwe!

Bootsmann bellt.

Uwe winkt.

Beide machen ein Theater, als hätten sie eben die Welt entdeckt und kämen von einer großen abenteuerlichen Reise.

„Hol mich der Teufel", sagt Putt Bräsing. „Wie kommen die beiden auf den Dampfer?"

Aber nun geht's schon um die Mole in den Hafen, und dort drüben ist das Bollwerk mit den bunten Pfefferkuchenhäusern.

Am Bollwerk steht Katrinchen, ganz klein unter ihrer roten Kappe, und neben Katrinchen steht Jochen.

Sie sehen den Dampfer und den Schlepper. Sie sind traurig und frieren.

Auf einmal sehen sie Bootsmann und Uwe!

Katrinchen wirft die Arme hoch. Sie freut sich so sehr, daß sie anfängt zu tanzen.

Jochen würde auch gerne tanzen. Doch er hebt bloß ein bißchen die Hand. Er schämt sich.

Uwe aber ruft: „Hejoh-hejoh!"

Er hält Bootsmann empor, und Bootsmann schnappt kläffend in die kalte klare Winterluft.